DANIEL SIQUEIRA
(Organizador)

Novena de São Peregrino

Protetor contra o mal do câncer

EDITORA
SANTUÁRIO

DIREÇÃO EDITORIAL:
Pe. Fábio Evaristo R. Silva, C.Ss.R.

REVISÃO:
Luana Galvão

COORDENAÇÃO EDITORIAL:
Ana Lúcia de Castro Leite

DIAGRAMAÇÃO E CAPA:
Bruno Olivoto

COPIDESQUE:
Denis Faria

Textos bíblicos extraídos da Bíblia de Aparecida, Editora Santuário, 2006.

ISBN 978-85-369-0510-5

2ª impressão

Todos os direitos reservados à **EDITORA SANTUÁRIO** — 2021

Rua Pe. Claro Monteiro, 342 – 12570-000 – Aparecida-SP
Tel.: 12 3104-2000 – Televendas: 0800 - 0 16 00 04
www.editorasantuario.com.br
vendas@editorasantuario.com.br

São Peregrino

São Peregrino é um santo comumente invocado como o protetor das pessoas que padecem do mal do câncer. A ele se dirigem muitas pessoas atingidas por essa terrível doença, pedindo sua intercessão junto a Deus pela cura de suas enfermidades.

Peregrino Laziosi nasceu em Forli, na região central da Itália, provavelmente em 1265, sendo filho único de uma rica e influente família da cidade. Naquele tempo, havia na Itália uma disputa política entre o papa e o Sacro Império Romano-Germânico. A família de Peregrino era aliada ao imperador. Na juventude, o santo atuou ativamente junto aos partidários do imperador, chamados de *Gibelinos,* contra os partidários do papa, chamados de *Guelfos*.

Em 1284, foi enviado a Forli, como emissário especial do papa, o superior-geral da Ordem dos Servitas, Felipe Benizi, a fim de tentar acalmar os ânimos do povo e fazê-lo apoiar o pontífice. No começo, a missão de Felipe Benizi foi boa e alcançou bom êxito, mas, ao saberem o que estava acontecendo, os partidários do imperador expulsaram o monge da cidade com muita violência, inclusive física. Peregrino fazia parte desse grupo que espancou o monge Felipe Benizi, que, mesmo ferido, perdoou a seus agressores. Essa atitude mexeu profundamente com Peregrino, que, passado aquele momento de fúria, foi ao encontro do monge pedindo perdão pelo ocorrido.

Após esse episódio, viveu um processo de conversão em sua vida, abandonou os antigos companheiros e passou a levar uma vida devota e santa. Passados alguns anos, decidiu ingressar na Ordem dos Servitas, sendo acolhido pelo mesmo Felipe Benizi, que conhecera anos antes. Após cumprir o noviciado e professar na Ordem, foi enviado para o Convento Servita de Forli, sua cidade natal.

Ele era um monge exemplar, observante das regras de sua ordem; extremamente religioso sempre fazia penitências e jejuns. Entre suas penitências se impôs nunca se sentar. Com o passar dos anos, esse esforço fez aparecer varizes em sua perna, que evoluíram para um câncer. Diante da gravidade da doença, os médicos disseram que a única solução era a amputação. Em uma noite, antes do dia marcado para a cirurgia, Peregrino se pôs a rezar diante de um grande crucifixo pedindo que Deus o livrasse desse mal. O monge acabou adormecendo e, ao acordar, no outro dia, percebeu que a ferida em sua perna estava completamente curada.

Peregrino morreu aos 85 anos, em 1345. Foi canonizado em 1726 pelo Papa Bento XIII. Sua festa litúrgica é celebrada no dia 4 de maio. Rezemos a esse santo pedindo sua intercessão para a cura dos males e das enfermidades pelas quais somos atingidos.

Oração inicial

– Em nome do Pai † do Filho e do Espírito Santo. Amém.

– A nossa proteção está no nome do Senhor, que fez o céu e a terra. A vós, Pai de bondade e de misericórdia, nesta hora me dirijo, pedindo que, por intercessão de vosso servo, São Peregrino, possais ouvir a súplica que neste momento vos apresento *(recordar o motivo pelo qual se reza esta novena)*. Peço que em vosso imenso amor de Pai vos digneis a atendê-la.

– São Peregrino, vós que, quando vivestes neste mundo, procurastes fazer sempre a vontade de Deus, permanecendo em sua presença, vós que também fostes vigoroso devoto da Virgem Maria, hoje vos peço que, por vossa intercessão, eu e as pessoas por quem rezo possamos ser protegidos de todos os males e enfermidades, principalmente do mal do câncer. Peço ainda que, com vosso auxílio, eu possa ter sempre um coração sensível à ação de Deus e disponível aos irmãos e às irmãs. Amém.

Oração final

– Ao terminar esta novena, novamente quero me dirigir a vós, Senhor de bondade, Pai de Misericórdia, fazendo uma prece especial por todos aqueles que comigo convivem: meus familiares, amigos, as pessoas com as quais me encontro. Para todos esses eu peço vossa bênção, rezando: *Pai nosso, que estais nos céus... Glória ao Pai...*
– São Peregrino, que fostes um genuíno servo de Maria, por quem tivestes uma devoção especial, convosco agora também eu a ela peço o amparo e a proteção de Mãe, rezando: *Ave, Maria, cheia de graça...*
– Ó Deus, que, em vossa infinita misericórdia e bondade, realizastes grandes prodígios na vida de vosso servo, São Peregrino, concedei a mim e a todos que necessitam, pelos méritos deste vosso servo, a graça da boa saúde e a proteção contra todos os males do corpo e da alma. Por intercessão de São Peregrino, abençoe-me o Deus, rico em misericórdia. *Em nome do Pai † do Filho e do Espírito Santo. Amém.*

1º dia
São Peregrino
e a sedução das ilusões do mundo

1. Oração inicial *(p. 6)*

2. Palavra de Deus *(Ef 2,1-5)*

Também vós estáveis mortos em virtude de vossas faltas e pecados, nos quais outrora vivestes à maneira deste mundo, seguindo o príncipe do império do ar, este espírito que prossegue sua obra naqueles que são incrédulos. Entre eles estávamos também nós todos, vivendo segundo os desejos de nossa carne, seguindo os caprichos da carne e os maus desejos, de tal forma que por natureza estávamos destinados à ira como os outros. Mas Deus, que é rico em misericórdia, movido pelo grande amor com que nos amou, quando estávamos mortos por causa de nossos pecados, fez-nos reviver com Cristo. É por graça que fostes salvos!
– Palavra do Senhor!

3. Refletindo sobre a Palavra

O apóstolo Paulo viveu um grande processo de conversão, que, ao longo tempo, o marcou profundamente. São sobre suas vivências e transformações que ele escreve em sua carta à comunidade cristã de Éfeso. São Peregrino, assim como Paulo, principalmente em sua juventude, manteve-se por muito tempo distante de Deus. Peregrino era filho de uma rica e influente família de Forli, que apoiava o imperador em sua luta contra o papa. O jovem se engajou fortemente nessa luta, tomando parte de um grupo de jovens que agia até mesmo com o uso da violência para defender os interesses do imperador contra o pontífice.

Nossa vida é permeada por diversos processos e acontecimentos que vão nos fazendo amadurecer. Essas experiências nos levam a ver as coisas de outra forma, valorizando e cultivando aquilo que realmente importa. São Peregrino é um grande exemplo para todos os que buscam a conversão pessoal.

4. Vivendo a Palavra

a) Tenho agido de forma consciente ou me deixo guiar somente por meus impulsos e desejos?

b) Quais coisas realmente importam e dão sentido para minha vida?

5. Oração final *(p. 7)*

2º dia
São Peregrino
e os sinais do amor de Deus

1. Oração inicial *(p. 6)*

2. Palavra de Deus *(Mt 5,10-12)*

Naquele tempo disse Jesus: "felizes os que são perseguidos por agirem retamente, porque deles é o Reino dos Céus. Felizes sereis vós, quando os outros vos insultarem e perseguirem, e disserem contra vós toda espécie de calúnias por causa de mim. Alegrai-vos e exultai, porque recebereis uma grande recompensa no céu. Pois foi assim que eles perseguiram os profetas que vos precederam!"
— Palavra da Salvação!

3. Refletindo sobre a Palavra

Desde o início do Cristianismo, muitos foram aqueles que não mediram esforços para que a Boa-Nova, trazida por Jesus, fosse anunciada a todas as pessoas. Não foram raras as vezes em que essas pessoas fizeram isso em meio a terríveis perseguições e sofrimentos. Sobre isso alertou Jesus na última parte das Bem-aventuranças, como vimos acima. O anúncio do Reino muitas vezes incomoda e provoca as pessoas. Na história de São Peregrino, ocorreu algo marcante nesse sentido. O monge Felipe Benizi, superior-geral do Servitas, foi enviado pelo papa à cidade de Forli, a fim de convencer o povo daquela cidade a deixar de apoiar o imperador. No início o monge foi bem-sucedido em sua empreitada, mas os partidários do imperador, ao virem a ação de Felipe Benizi, agiram contra ele violentamente, espancando-o e expulsando-o da cidade. Mesmo ferido, o monge perdoou a todos e ainda ofereceu a outra face aos que fizeram aquilo com ele. Entre os responsáveis por esse ato, estava o jovem Peregrino. Diante da atitude do monge, ele ficou profundamente incomodado. Depois daquele episódio, o jovem nunca mais foi o mesmo.

4. Vivendo a Palavra

a) Quais são os sinais de Deus no meu viver cotidiano?
b) Como comunico a paz e a esperança nos lugares aonde vou e para as pessoas com as quais convivo?

5. Oração final *(p. 7)*

3º dia
São Peregrino
e a conversão

1. Oração inicial *(p. 6)*

2. Palavra de Deus *(Rm 8,28-30)*

Sabemos que tudo concorre para o bem dos que amam a Deus, daqueles que ele chamou, de acordo com seu desígnio. Pois aos que ele desde sempre conheceu, também os predestinou para serem conformes à imagem de seu Filho, a fim de que ele seja o primogênito entre muitos irmãos. E, aos que predestinou, também os chamou; e, aos que chamou, também os justificou; e, aos que justificou, também os glorificou.
– Palavra do Senhor!

3. Refletindo sobre a Palavra

Nessa passagem da carta aos cristãos de Roma, Paulo ensina que todas as coisas que acontecem na vida não ocorrem por acaso: em tudo está a presença de Deus, que nos conhece desde o ventre materno. Todas essas coisas, sejam boas ou ruins, servem para que possamos, cada vez mais, aproximar-nos do Pai, que tanto nos ama. Na vida de São Peregrino, Deus também foi agindo por meio de circunstâncias muito particulares. Após o encontro que o jovem teve com o monge Servita Felipe Benizi, que, mesmo sendo agredido e ferido, não esboçou reação e ainda perdoou a seus agressores, Peregrino se sentiu envergonhado do que fizera e, aos poucos, foi vivendo um processo de conversão. O jovem abandonou as antigas companhias e passou a ter uma vida santa de oração, de penitência e de caridade para com os pobres. Em nossa vida, muitas vezes, não entendemos tantas coisas que acontecem, mas devemos em tudo buscar perceber a presença de Deus, que pode estar tentado falar-nos por meio desses acontecimentos.

4. Vivendo a Palavra

a) Em quais acontecimentos de minha vida percebi fortemente a presença de Deus?
b) Como tenho vivido meu caminho de conversão?

5. Oração final *(p. 7)*

4º dia
São Peregrino e o chamado de Deus

1. Oração inicial *(p. 6)*

2. Palavra de Deus *(Lc 9,57-60)*

Indo eles pela estrada, um homem disse a Jesus: "Eu te seguirei para onde fores". Respondeu-lhe Jesus: "As raposas têm tocas e as aves do céu, ninhos; mas o Filho do homem não tem onde descansar a cabeça". A um outro disse: "Segue-me". Mas ele respondeu: "Senhor, permite que eu vá primeiro enterrar meu pai". Jesus disse-lhe: "Deixa que os mortos enterrem seus mortos. Tu, porém, vai anunciar o Reino de Deus".
– Palavra da Salvação!

3. Refletindo sobre a Palavra

A Bíblia traz a história da vocação de muitas pessoas. As histórias de alguns chamados são muito marcantes. Os evangelhos trazem a história da vocação dos discípulos, sempre com Jesus os chamando e os enviando em missão. A passagem do Evangelho de Lucas nos ajuda a entender um desses chamados e o envio missionário que Jesus faz. São Peregrino também, aos poucos, foi percebendo que Deus o chamava para uma vocação especial. Certo dia, rezando diante de uma imagem de Nossa Senhora, sentiu forte o chamado de Deus para se tornar um monge servita, e assim o fez. Peregrino tinha cerca de trinta anos quando foi admitido no noviciado em Siena; professou os votos como monge; e então, no ano seguinte, regressou como monge para viver no mosteiro de sua cidade natal, onde passou o resto de sua vida. Deus sempre nos chama a uma missão, cabe a pessoa chamada responder a esse convite e vivê-lo.

4. Vivendo a Palavra

a) Como tenho correspondido à vontade de Deus em minha vida?
b) Tenho sido fiel à vocação que de Deus recebi?

5. Oração final *(p. 7)*

5º dia
São Peregrino: em tudo fazer a vontade de Deus

1. Oração inicial *(p. 6)*

2. Palavra de Deus *(Mt 5,1-9)*

Vendo a multidão, Jesus subiu à montanha. Sentou-se, e seus discípulos aproximaram-se dele. Começou então a falar e os ensinava assim: "Felizes os pobres em espírito, porque é deles o Reino dos Céus. Felizes os que choram, porque Deus os consolará. Felizes os não violentos, porque receberão a terra como herança. Felizes os que têm fome e sede de justiça, porque Deus os saciará. Felizes os misericordiosos, porque conseguirão misericórdia. Felizes os de coração puro, porque verão a Deus. Felizes os que promovem a paz, porque Deus os terá como filhos".
– Palavra da Salvação!

3. Refletindo sobre a Palavra

Uma das partes mais marcantes dos evangelhos são as Bem-aventuranças. Nelas Jesus fala de como deve ser e de como deve viver a pessoa que assume para si a proposta do Reino de Deus, que Ele nos comunicou. Abandonar-se no amor de Deus e em tudo fazer a sua vontade é o que propõem as Bem-aventuranças. São Peregrino, vivendo como um monge, fez essa experiência de abandonar-se em Deus. Observava as regras e as prescrições de sua ordem, mantendo-se constante nas orações, tanto individuais quanto em comunidade. Era leitor assíduo da Palavra de Deus, confessava-se com frequência e praticava muitas penitências. Outra característica importante do monge era seu grande amor para com os mais pobres e desvalidos: era extremamente caridoso com os pobres sempre ajudando a todos que o vinham procurar. Viver em tudo a vontade de Deus e fazer que o Reino de Deus seja uma realidade já aqui neste mundo: eis o significado das Bem-aventuranças.

4. Vivendo a Palavra

a) Tenho vivido as Bem-aventuranças ensinadas por Jesus em minha vida cotidiana?

b) Como andam minhas práticas de fé: tenho rezado com frequência, participado dos sacramentos e praticado a caridade para com os necessitados?

5. Oração final *(p. 7)*

6º dia
São Peregrino
e o sofrimento

1. Oração inicial *(p. 6)*

2. Palavra de Deus *(Rm 8,18-19.22-24)*

Eu penso que os sofrimentos do tempo presente não têm comparação com a glória futura que se manifestará em nós. Com efeito, o próprio universo espera ansiosamente a revelação dos filhos de Deus. Pois sabemos que todo o universo até agora continua gemendo e sentindo dores de parto. Não só ele, mas também nós, que temos as primícias do Espírito, gememos em nosso íntimo, suspirando pela adoção filial, que é a redenção de nosso corpo. Pois já fomos salvos, mas na esperança.
– Palavra do Senhor!

3. Refletindo sobre a Palavra

O sofrimento é próprio de nossa natureza humana. Somos seres finitos e estamos sempre sujeitos às mais variadas situações que, de alguma maneira, afetam-nos, podendo nos causar sofrimento, sejam eles de ordem física, emocional ou psíquica. Na perspectiva cristã, o sofrimento encontra sentido ao se conformar à dor de Cristo. Nenhum sofrimento é em vão, pois temos a esperança da redenção. São Peregrino também em sua vida passou por sofrimentos, associando-os à paixão de Cristo. Um dos maiores sofrimentos que ele enfrentou foram as varizes nas pernas, causadas pelo voto que fizera de nunca sentar-se, mantendo-se o tempo todo de pé. Após trinta anos de penitência, suas pernas enfraqueceram e as varizes apareceram. Em sua perna direita, apareceu uma grande ferida que nunca cicatrizava, causando-lhe terríveis dores. Mas, mesmo diante desse sofrimento, ele nunca perdeu sua fé e sua esperança em Deus.

4. Vivendo a Palavra

a) Como encaro as situações de sofrimento em minha vida?

b) Sou uma pessoa que tem esperança ou que acredita que tudo está perdido?

5. Oração final *(p. 7)*

7º dia
São Peregrino:
nada é impossível para Deus

1. Oração inicial *(p. 6)*

2. Palavra de Deus *(Jo 14,11-14)*

Naquele tempo disse Jesus: "Eu estou no Pai e o Pai está em mim; crede ao menos por causa das próprias obras. Na verdade, na verdade, eu vos digo: quem crê em mim também fará as obras que eu faço. E fará até maiores, porque vou para o Pai. E tudo o que pedirdes em meu nome, eu o farei, para que o Pai seja glorificado no Filho. Se me pedirdes alguma coisa em meu nome, eu a farei".

– Palavra da Salvação!

3. Refletindo sobre a Palavra

Jesus, em sua vida terrena, realizou inúmeros prodígios que encontramos relatados nos evangelhos. Um elemento sempre presente nas curas que Jesus realizava era fé das pessoas. Elas se aproximavam dele com a fé firme em Deus, certas de que seriam curadas. O próprio Jesus ensinou que se tivermos fé, mesmo que pequena, poderemos realizar prodígios maiores do que aqueles que ele realizou. São Peregrino, percebendo que a ferida em sua perna piorava a cada dia, vindo a se tornar um câncer, e sendo aconselhado pelos médicos a amputar a perna doente, apegou-se ainda mais a Deus. Na noite anterior à cirurgia, o santo se aproximou de um grande crucifixo, rezou com fé e adormeceu. Em sonho, viu Jesus descendo da cruz e vindo curá-lo. No outro dia, ao acordar, percebeu que não padecia mais da enfermidade e que estava complemente curado. Suas preces foram ouvidas, porque para Deus nada é impossível.

4. Vivendo a Palavra

a) Sou capaz de manter-me firme em minha fé, mesmo diante das situações de sofrimento?

b) Quais a consequências de acreditar que para Deus nada é impossível?

5. Oração final *(p. 7)*

8º dia
São Peregrino e os braços de Deus

1. Oração inicial *(p. 6)*

2. Palavra de Deus *(2Tm 4,6-8)*

Quanto a mim, meu sangue está para ser derramado em libação, e o momento de minha partida chegou. Combati o bom combate, terminei minha corrida, guardei a fé. Agora só me resta a coroa da justiça que o Senhor, justo juiz, dará a mim naquele dia; e não somente a mim, mas também a todos os que aguardam com amor sua manifestação.

– Palavra do Senhor!

3. Refletindo sobre a Palavra

Somos seres finitos. Nossa existência aqui neste mundo, por mais tempo que dure, uma hora terminará. Este é o ciclo inevitável para todas as criaturas: nascer, desenvolver-se, cumprir sua missão e depois declinar até chegar a seu fim natural. Compreender todas as fases da vida e vivê-las bem: eis o segredo para uma vida feliz e realizada. São Paulo, vendo aproximar-se seu fim, fez uma avalição de tudo aquilo que realizou durante sua vida, reconhecendo que tudo valeu a pena e que poderia partir em paz. Também São Peregrino foi percebendo que sua vida, aos poucos, foi chegando ao fim. Idoso e debilitado, no final de abril de 1345, o monge, aos 85 anos, foi acometido por uma forte febre que a cada dia piorava mais. No dia 1º de maio ele entregou sua alma a Deus, deixando esta terra e partindo para o céu. Em seu velório, estava presente toda a população de Forli e de outras localidades das redondezas. Nessa ocasião, Peregrino já era aclamado como santo.

4. Vivendo a Palavra

a) Como tenho vivido cada fase de minha vida?
b) Tenho consciência de minha finitude?

5. Oração final *(p. 7)*

9º dia
São Peregrino, sal da terra e luz do mundo

1. Oração inicial *(p. 6)*

2. Palavra de Deus *(Mt 5,13-16)*

Naquele tempo disse Jesus: "Vós sois o sal da terra. Mas se o sal perder o sabor, com que se salgará? Não serve mais para nada, senão para ser jogado fora e ser pisado pelas pessoas. Vós sois a luz do mundo. Uma cidade construída no alto do monte não pode ficar escondida. E também não se acende uma luz para pô-la debaixo de um móvel. Pelo contrário, é posta no candeeiro, de modo que brilhe para todos os que estão na casa. Assim deve brilhar vossa luz diante dos outros, para que vejam vossas boas obras e glorifiquem vosso Pai, que está nos céus".

– Palavra da Salvação!

3. Refletindo sobre a Palavra

O cristão é chamado a ser sal da terra e luz do mundo, ou seja, a ser um sinal de Deus neste mundo marcado por tantas trevas e divisões. Assim fizeram os cristãos das primitivas comunidades; assim fizeram tantos outros cristãos que, no decorrer dos séculos, foram autênticos sinais da presença de Deus nos lugares onde viveram e nas atividades que realizaram. O monge Peregrino era muito procurado e admirado por todos de Forli. Após a cura milagrosa de sua perna, sua fama cresceu pela região e muitas pessoas o procuravam pedindo seus conselhos. Em seu enterro, o povo o chamava de santo, e, nos anos seguintes, muitos milagres atribuídos a Peregrino passaram a ser relatados. Seu corpo milagrosamente não se consumiu: encontra-se até hoje incorrupto. Peregrino foi canonizado em 27 de dezembro de 1726 pelo Papa Bento XIII. Sua festa litúrgica celebra-se em 4 de maio. Ele é aclamado como padroeiro dos pacientes de câncer e dos males das pernas. Os santos são fontes de inspiração para nós, que caminhamos nas estradas deste mundo.

4. Vivendo a Palavra

a) Como tenho sido um sinal de Deus no mundo?
b) Qual tem sido meu esforço para alcançar uma vida de santidade?

5. Oração final *(p. 7)*

Índice

São Peregrino 3

Oração inicial 6

Oração final 7

1º dia: São Peregrino e a sedução das ilusões do mundo...... 8

2º dia: São Peregrino e os sinais do amor de Deus 11

3º dia: São Peregrino e a conversão 13

4º dia: São Peregrino e o chamado de Deus 15

5º dia: São Peregrino: em tudo fazer a vontade de Deus 17

6º dia: São Peregrino e o sofrimento 20

7º dia: São Peregrino: nada é impossível para Deus 23

8º dia: São Peregrino e os braços de Deus 26

9º dia: São Peregrino, sal da terra e luz do mundo 28

Este livro foi composto com as famílias tipográficas Avenir, Bellevue e Calibri e impresso em papel Offset 75g/m² pela **Gráfica Santuário.**